AF561058

# LA RÉUNION DES *AMOURS*,

## COMÉDIE HÉROIQUE,

en un Acte & en Prose ;

*Par M. DE MARIVAUX,*
*de l'Académie Françoise ;*

Représentée par les Comédiens François, le 9 Novembre 1731.

*Le prix est de vingt sols.*

NOUVELLE ÉDITION.

A PARIS,
Chez DUCHESNE, Libraire, rue S. Jacques, au-dessous de la Fontaine S. Benoît, au Temple du Goût.

M. DCC. LVIII,
*Avec Approbation & Privilège du Roi.*

## *ACTEURS.*

L'AMOUR.

CUPIDON.

MERCURE.

PLUTUS.

APOLLON.

LA VERITÉ.

MINERVE.

LA VERTU.

# LA RÉUNION DES AMOURS.

## COMÉDIE HÉROIQUE.

### SCENE PREMIERE.

L'AMOUR, *qui entre d'un côté*, CUPIDON, *qui entre de l'autre.*

CUPIDON, *à part.*

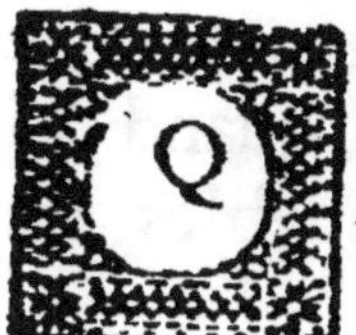

QUE vois-je? Qui est-ce qui a l'audace de porter comme moi un carquois, & des fleches?

L'AMOUR, *à part.*

N'est-ce pas là Cupidon, cet usurpateur de mon Empire?

CUPIDON, *à part.*

Ne seroit-ce pas cet Amour Gaulois, ce Dieu de la fade Tendresse qui sort de la retraite obscure où ma victoire l'a condamné ?

L'AMOUR, *à part.*

Qu'il est laid ! qu'il a l'air débauché !

CUPIDON, *à part.*

Vit-on jamais de figure plus sotte ? Sçachons un peu ce que vient faire ici cette ridicule antiquaille. Approchons.

*A l'Amour.*

Soyez le bien venu, mon Ancien, le Dieu des Soupirs timides, & des tendres Langueurs : Je vous salue.

L'AMOUR.

Saluez.

CUPIDON.

Le compliment est sec ; mais je vous le pardonne. Un Proscrit n'est pas de bonne humeur.

L'AMOUR.

Un Proscrit ! Vous ne devez ma retraite qu'à l'indignation qui m'a saisi, quand j'ai vû que les hommes étoient capables de vous souffrir.

CUPIDON.

Malepeste, que cela est beau ! C'est-à-dire, que vous n'avez fui que parce que vous étiez glorieux; & vous êtes un Héros fuyard.

L'AMOUR.

Je n'ai rien à vous répondre. Allez, nous ne sommes pas faits pour discourir ensemble.

CUPIDON.

Ne vous fâchez point, mon Confrére. Dans le fonds je vous plains. Vous me dites des injures: mais votre état me désarme. Tenez, je suis le meilleur garçon du monde. Contez-moi vos chagrins. Que venez-vous faire ici? Est-ce que vous vous ennuyez dans votre solitude? Eh! bien, il y a remede à tout. Voulez-vous de l'emploi? Je vous donnerai votre petite provision de fleches; car celles que vous avez là dans votre carquois, ne valent plus rien..... Voyez-vous ce dard-là? Voilà ce qu'il faut. Cela entre dans le cœur; cela le pénetre; cela le brûle; cela l'embrase: il crie, il s'agite, il demande du secours, il ne sçauroit attendre.

L'AMOUR.

Quelle méprisable espece de feux!

CUPIDON.

Ils ont pourtant décrié les vôtres. Entre

vous & moi, de votre tems les Amans n'étoient que des Benêts; ils ne ſçavoient que languir, que faire des hélas! & conter leurs peines aux échos d'alentour. Oh! parbleu, ce n'eſt plus de même. J'ai ſupprimé les échos, moi. Je bleſſe; ahi! vîte au remède. On va droit à la cauſe du mal. Allons, dit-on, je vous aime; voyez ce que vous pouvez faire pour moi, car le tems eſt cher; il faut expédier les hommes. Mes ſujets ne diſent point, je me meurs! Il n'y a rien de ſi vivant qu'eux. Langueurs, timidité, doux martyre, il n'en eſt plus queſtion. Fadeur, platitude du tems paſſé que tout cela. Vous ne faiſiez que des ſots, que des imbécilles; moi, je ne fais que des gens de courage. Je ne les endors pas, je les éveille: ils ſont ſi vifs, qu'ils n'ont pas le loiſir d'être tendres; leurs regards ſont des déſirs: au lieu de ſoupirer, ils attaquent: ils ne demandent pas d'amour, ils le ſuppoſent. Ils ne diſent point, faites-moi grace; ils la prennent. Ils ont du reſpect, mais ils le perdent. Et voilà celui qu'il faut. En un mot, je n'ai point d'Eſclaves, je n'ai que des Soldats. Allons, déterminez-vous. J'ai beſoin de Commis; voulez-vous être le mien? Sur le champ je vous donne de l'emploi.

L'AMOUR.

Ne rougissez-vous point du récit que vous venez de faire? Quel oubli de la Vertu!

CUPIDON.

Eh bien! Quoi! la Vertu! que voulez-vous dire? Elle a sa charge, & moi la mienne; elle est faite pour régir l'Univers, & moi pour l'entretenir. Déterminez-vous, vous dis-je: mais je ne vous prends qu'à condition que vous quitterez je ne sçai quel air de dupe, que vous avez sur la physionomie. Je ne veux point de cela; allons, mon Lieutenant, alerte; un peu de mutinerie dans les yeux; les vôtres prêchent la résistance. Est-ce là la contenance d'un vainqueur? Avec un Amour aussi poltron que vous, il faudroit qu'un Tendron fît tous les frais de la défaite. Eh! éviteriez-vous .... (*Il tire une de ses fleches.*) Je suis d'avis de vous égayer le cœur d'une de mes fleches pour vous ôter cet air timide & langoureux. Garre, que je vous rende aussi fol que moi!

L'AMOUR, *tirant aussi une de ses fleches.*

Et moi, si vous tirez, je vous rendrai sage.

CUPIDON.

Non pas, s'il vous plaît : J'y perdrois, & vous y gagneriez.

L'AMOUR.

Allez, petit libertin que vous êtes, votre audace ne m'offense point, & votre Empire touche peut-être à sa fin. Jupiter aujourd'hui fait assembler tous les Dieux ; il veut que chacun d'eux fasse un don au Fils d'un grand Roi qu'il aime. Je suis invité à l'Assemblée. Tremblez des suites que peut avoir cette aventure.

---

## SCENE II.

CUPIDON, *seul.*

COmment donc ! Il dit vrai. Tous les Dieux ont reçu ordre de se rendre ici ; il n'y a que moi qu'on n'a point averti, & j'ai cru que ce n'étoit qu'un oubli de la part de Mercure. Le voici qui vient ; voyons ce que cela signifie.

## SCENE III.

*CUPIDON, MERCURE, PLUTUS.*

MERCURE.

HA ! vous voilà, Seigneur Cupidon. Je suis votre serviteur.

PLUTUS.

Bon jour, mon ami.

CUPIDON.

Bon jour, Plutus. Seigneur Mercure, il y a aujourd'hui assemblée générale ; & c'est vous qui avez averti tous les Dieux, de la part de Jupiter, de se trouver ici.

MERCURE.

Il est vrai.

CUPIDON.

Pourquoi donc n'ai-je rien sçu de cela, moi ? Est-ce que je ne suis pas une Divinité assez considérable ?

MERCURE.

Eh ! où vouliez-vous que je vous prisse ? Vous êtes un coureur qu'on ne sçauroit attrapper.

CUPIDON.

Vous biaiſez, Mercure : Parlez-moi franchement. Etois-je ſur votre liſte ?

MERCURE.

Ma foi, non. J'avois ordre exprès de vous oublier tout net.

CUPIDON.

Moi ! Et de qui l'aviez-vous reçu ?

MERCURE.

De Minerve, à qui Jupiter a donné la direction de l'Aſſemblée.

PLUTUS.

Oh ! de Minerve, la Déeſſe de la Sageſſe ? Ce n'eſt pas là un grand malheur. Tu ſçais bien qu'elle ne nous aime pas ; mais elle a beau faire, nous avons un peu plus de crédit qu'elle : nous rendons les gens heureux, nous, morbleu ! & elle ne les rend que raiſonnables ; auſſi n'a-t-elle pas la preſſe.

CUPIDON.

Apparemment que c'eſt elle qui vous a auſſi chargé du ſoin d'aller chercher le Dieu de la Tendreſſe, lui dont on ne ſe reſſouvenoit plus ?

MERCURE.

Vous l'avez dit, & ma commiſſion portoit même de lui faire de grands complimens.

CUPIDON, *riant.*

La belle Ambaſſade !

PLUTUS.

Va, va, mon ami, laiſſe-le venir, ce Dieu de la Tendreſſe; quand on le rétabliroit, il ne feroit pas grande beſogne. On n'eſt plus dans le goût de l'amoureux martyre, on ne l'a retenu que dans les chanſons. Le métier de Cruelle eſt tombé; ne t'embarraſſe pas de ton Rival; je ne veux que de l'or pour le battre, moi.

CUPIDON.

Je le croi. Mais je ſuis piqué. Il me prend envie de vuider mon Carquois ſur tous les Cœurs de l'Olimpe.

MERCURE.

Point d'étourderie ; Jupiter eſt le Maître : on pourroit bien vous caſſer, car on n'eſt pas trop content de vous.

CUPIDON.

Eh ! de quoi peut-on ſe plaindre, je vous prie ?

MERCURE.

Oh ! de tant de choſes, par exemple, il n'y a plus de tranquillité dans le mariage; vous ne ſçauriez laiſſer la tête des maris en repos ; vous mettez toujours après leurs femmes quelque Chaſſeur qui les attrappe.

CUPIDON.

Et moi, je vous dis que mes Chaſſeurs ne pourſuivent que ce qui ſe préſente.

PLUTUS.

C'eſt-à-dire, que les femmes ſont bien aiſes d'être courues ?

CUPIDON.

Voilà ce que c'eſt. La plûpart ſont des coquettes qui en demeurent là, ou bien qui ne ſe retirent que pour agacer, qui n'oublient rien pour exciter l'envie du Chaſſeur, qui lui diſent : mirez-moi. On les mire, on les bleſſe, & elles ſe rendent. Eſt-ce ma faute ? Parbleu, non ; la coquetterie les a déjà bien étourdies, avant qu'on les tire.

MERCURE.

Vous direz ce qu'il vous plaira. Ce n'eſt point à moi à vous donner des leçons ; mais prenez-y garde : ce ſont les hommes, ce ſont les femmes qui crient, qui diſent que c'eſt vous qui paſſez les contrats de la moitié des mariages. Après cela ce ſont des vieillards que vous donnez à expédier à de jeunes épouſes, qui ne les prennent vivans, que pour les avoir morts, & qui, au détriment des Héritiers, ont tout le profit des funérailles. Ce ſont de vieilles femmes dont vous vuidez le coffre pour l'achat d'un mari fainéant qu'on ne ſçauroit ni troquer ni revendre. Ce ſont des malices qui ne finiſſent point; ſans compter votre libertinage: car Bacchus, dit-on, vous fait faire tout ce qu'il veut; Plutus avec ſon or, diſpoſe de votre carquois; pourvû qu'il vous donne, toute votre artillerie eſt à ſon ſervice, & cela n'eſt pas joli; ainſi tenez-vous en repos, & changez de conduite.

CUPIDON.

Puiſque vous m'exhortez à changer, vous avez donc envie de vous retirer, Seigneur Mercure?

MERCURE.

Laiſſons-là cette mauvaiſe plaiſanterie.

PLUTUS.

Quant à moi, je n'ai que faire d'être dans les caquets. Tout ce que je prends de lui, je l'achete, je marchande, nous convenons, & je paye; voilà toute la fineſſe que j'y ſçache.

CUPIDON.

Celui-là eſt comique! Se plaindre de

ce que j'aime la bonne-chere & l'aisance, moi qui suis l'Amour ? A quoi donc voulez-vous que je m'occupe ? à des Traités de Morale ? Oubliez-vous que c'est moi qui mets tout en mouvement, que c'est moi qui donne la vie, qu'il faut dans ma charge un fond inépuisable de bonne humeur, & que je dois être à moi seul plus semillant, plus vivant que tous les Dieux ensemble ?

MERCURE.

Ce sont vos affaires ; mais je pense que voici Apollon qui vient à nous.

PLUTUS.

Adieu donc, je m'en vais. Le Dieu du Bel-esprit & moi ne nous amusons pas extrêmement ensemble. Jusqu'au revoir, Cupidon.

CUPIDON.

Adieu, adieu, je vous rejoindrai.

## SCENE IV.

### *CUPIDON, MERCURE, APOLLON.*

MERCURE.

QU'avez-vous, Seigneur Apollon? Vous avez l'air ſombre.

APOLLON.

Le retour du Dieu de la Tendreſſe me fâche. Je n'aime pas les diſpoſitions où je vois que Minerve eſt pour lui. Je vous apprens qu'elle va bientôt l'amener ici, Cupidon.

CUPIDON.

Et que veut-elle en faire?

APOLLON.

Vous entendre raiſonner tous les deux ſur la nature de vos feux, pour juger lequel de vos Dons on doit préférer dans cette occaſion ici : & c'eſt de quoi même je ſuis chargé de vous informer.

CUPIDON.

Tant mieux, morbleu, tant mieux;

cela me divertira. Allez, il n'y a rien à craindre; mon Confrére ne plaide pas mieux qu'il blesse.

MERCURE.

Croyez-moi, allez pourtant vous préparer pendant quelques momens.

CUPIDON.

C'est, parbleu, bien dit; je vais me recueillir chez Bacchus; il y a du vin de Champagne, qui est d'une éloquence admirable: j'y trouverai mon Plaidoyer tout fait. Adieu, mes Amis; tenez-moi des lauriers tout prêts.

---

## SCENE V.

*MERCURE, APOLLON.*

APOLLON.

IL a beau dire; le vent du Bureau n'est pas pour lui, & je me défie du succès.

MERCURE.

Eh! bien, que vous importe à vous? Quand son Rival reviendroit à la mode, vous n'en inspirerez pas moins ceux qui chanteront leurs Maîtresses?

APOLLON.

Eh ! morbleu, cela eſt bien différent; les chanſons ne ſeront plus ſi jolies. On ne chantera plus que des ſentimens. Cela eſt bien plat.

MERCURE.

Bien plat ! quevoulez-vous donc qu'on chante ?

APOLLON.

Ce que je veux ? Eſt-ce qu'il faut un commentaire à Mercure ? Une careſſe, une vivacité, un tranſport, quelque petite action.

MERCURE.

Ah ! vous avez raiſon, je n'y ſongeois pas ; cela fait un ſujet bien plus piquant, plus animé.

APOLLON.

Sans comparaiſon, & un ſujet bien plus à la portée d'être ſenti. Tout le monde eſt au fait d'une action.

MERCURE.

Oui, tout le monde geſticule.

APOLLON.

Et tout le monde ne ſent pas. Il y a

des Cœurs matériels qui n'entendent un ſentiment, que lorſqu'il eſt mis ſur un canevas bien intelligible.

MERCURE.

On ne leur explique l'ame qu'à la faveur du corps.

APOLLON.

Vous y êtes ; & il faut avouer que la Poëſie Galante a bien plus de priſe en pareil cas. Aujourd'hui, quand j'inſpire un Couplet de Chanſon, ou quelques autres Vers, j'ai mes coudées franches, je ſuis à mon aiſe. C'eſt Philis qu'on attaque, qui combat, qui ſe défend mal ; c'eſt un beau bras qu'on ſaiſit ; c'eſt une main qu'on adore, & qu'on baiſe ; c'eſt Philis qui ſe fâche ; on ſe jette à ſes genoux, elle s'attendrit, elle s'appaiſe ; un ſoupir lui échappe. Ah ! Sylvandre ; ah ! Philis, levez-vous, je le veux. Quoi ! cruelle, mes tranſports ...... finiſſez. Je ne puis ; laiſſez-moi .... des regards, des ardeurs, des douceurs ; cela eſt charmant. Sentez-vous la gayeté, la commodité de ces objets-là ? J'inſpire là-deſſus en me jouant. Auſſi n'a-t-on jamais vû tant de Poëtes.

MERCURE.

Et dont la Poëſie ne vous coûte rien. Ce ſont les Philis qui en font tous les frais.

APOLLON.

Sans doute. Au lieu que si la Tendresse alloit être à la mode, adieu les bras, adieu les mains; les Philis n'auroient plus de tout cela.

MERCURE.

Elles n'en seroient que plus aimables, & sans doute plus estimées. Mais laissez-moi recevoir la Vérité qui arrive.

## SCENE VI.

*MERCURE, APOLLON, LA VÉRITÉ.*

MERCURE.

IL est tems de venir, Déesse; l'Assemblée va se tenir bientôt.

LA VÉRITÉ.

J'arrive. Je me suis seulement amusée un instant à parler à Minerve, sur le choix qu'elle a fait de certains Dieux, pour la cérémonie dont il est question.

APOLLON.

Peut-on vous demander de qui vous parliez, Déesse?

LA VÉRITÉ.

De qui ? De vous.

APOLLON.

Cela eſt net. Et qu'en diſiez-vous donc ?

LA VÉRITÉ.

Je diſois..... Mais vous êtes bien hardi d'interroger la Vérité. Vous y tenez-vous ?

APOLLON.

Je ne crains rien. Pourſuivez.

MERCURE.

Courage.

APOLLON.

Que diſiez-vous de moi ?

LA VÉRITÉ.

Du bien, & du mal ; beaucoup plus de mal que de bien. Continuez de m'interroger. Il ne vous en coûtera pas plus de ſçavoir le reſte.

APOLLON.

Eh ! quel mal y a-t-il a dire du Dieu qui peut faire le Don de l'éloquence, & de l'amour des beaux Arts ?

LA VÉRITÉ.

Oh ! vos Dons ſont excellens ; j'en diſois du bien ; mais vous ne leur reſſemblez pas.

APOLLON.

Pourquoi ?

LA VÉRITÉ.

C'eſt que vous flattez, que vous mentez, & que vous êtes un corrupteur des ames humaines.

APOLLON.

Doucement, s'il vous plaît ; comme vous y allez ?

LA VÉRITÉ.

En un mot, un vrai Charlatan.

APOLLON.

Arrêtez, car je me fâcherois.

MERCURE.

Laiſſez-la achever ; ce qu'elle dit eſt amuſant.

APOLLON.

Il ne m'amuſe point du tout, moi. Qu'eſt-ce que cela ſignifie ? En quoi donc mérité-je tous ces noms-là ?

LA VÉRITÉ.

Vous rougiſſez ; mais ce n'eſt pas de vos

vices : ce n'eſt que du reproche que je vous en fais.

MERCURE, *à Apollon.*

N'admirez-vous pas ſon diſcernement ?

APOLLON.

Déeſſe, vous me pouſſez à bout.

LA VÉRITÉ.

Je vous définis. Vengez-vous, en vous corrigeant.

APOLLON.

Eh ! de quoi me corriger ?

LA VÉRITÉ.

Du métier vénal & mercénaire que vous faites. Tenez, de toutes les Eaux de votre Hypocrene, de votre Parnaſſe, & de votre Bel-eſprit, je n'en donnerois pas un fétu ; non plus que de vos neuf Muſes, qu'on appelle les chaſtes Sœurs, & qui ne ſont que neuf vieilles friponnes que vous n'employez qu'à faire du mal. Si vous êtes le Dieu de l'Eloquence, de la Poëſie, du Bel-eſprit, ſoutenez donc ces grands Attributs avec quelque dignité. Car enfin, n'eſt-ce pas vous qui dictez tous les éloges flateurs qui se débitent ? Vous êtes si accoutumé à mentir, que lorsque vous louez la Vertu, vous n'avez plus d'esprit, vous ne sçavez plus où vous en êtes.

MERCURE.

Elle n'a pas tout le tort. J'ai remarqué que la fiction vous réussit mieux que le reste.

LA VÉRITÉ.

Je vous dis qu'il n'y a rien de si plat que lui, quand il ne ment pas. On est toujours mal loué de lui, dés qu'on mérite de l'être. Mais dans le fabuleux, oh ! il triomphe. Il vous fait un monceau de toutes les vertus, & puis vous les jette à la tête : Tiens, prens, enyvre-toi d'impertinences & de chimères.

APOLLON.

Mais enfin......

LA VÉRITÉ.

Mais enfin, tant qu'il vous plaira. Vos Epîtres Dédicatoires, par exemple ?

MERCURE.

Oh ! faites-lui grace là-dessus. On ne les lit point.

LA VÉRITÉ.

Dans le grand nombre, il y en a quelques-unes que j'approuve. Quand j'ouvre un Livre, & que je vois le nom d'une vertueuse Personne à la tête, je m'en réjouis ; mais j'en ouvre un autre, il s'adresse à une personne admirable ; j'en ouvre cent, j'en ouvre mille ; tout est dédié à des prodiges de vertu & de mérite. Et où se tiennent donc tous ces prodiges ? Où sont-ils ? Comment se fait-il que les personnes vraiment louables soient si rares, & que les Epîtres Dédicatoires soient si communes ? Il me les faut pourtant en nombre égal, ou bien vous n'êtes pas un Dieu d'honneur. En un mot, il y a mille Epîtres où vous vous écriez : » Que votre modestie se rassure, Monseigneur. » Il me faut donc mille Monseigneurs modestes. Oh ! de bonne foi, me les fournirez-vous ? Concluez.

APOLLON.

Mais, Mercure, approuvez-vous tout ce qu'elle me dit-là ?

MERCURE.

Moi ? je ne vous trouve pas si coupable qu'elle le croit. On ne sent point qu'on est menteur, quand on a l'habitude de l'être.

APOLLON.

APOLLON.

La réponse est consolante.

LA VÉRITÉ.

En un mot, vous masquez tout. Et ce qu'il y a de plaisant, c'est que ceux que vous travestissez, prennent le masque que vous leur donnez pour leur visage. Je connois une très-laide femme, que vous avez appellée charmante Iris. La folle n'en veut rien rabattre. Son miroir n'y gagne rien ; elle n'y voit plus qu'Iris. C'est sur ce pied-là qu'elle se montre ; & la charmante Iris est une Guenon qui vous feroit peur. Je vous pardonnerois tout cela cependant, si vos flatteries n'attaquoient pas jusqu'aux Princes ; mais pour cet article-là, je le trouve affreux.

MERCURE.

Malepeste! C'est l'article de tout le monde.

APOLLON.

Quoi ! dire la vérité aux Princes !

LA VÉRITÉ.

Le plus grand des Mortels, c'est le Prince qui l'aime, & qui la cherche. Je mets presque à côté de lui le Sujet vertueux qui ose la lui dire. Et le plus heureux de tous les peuples eſt celui chez qui ce Prince & ce Sujet ſe rencontrent enſemble.

APOLLON.

Je l'avoue, il me ſemble que vous avez raiſon.

LA VÉRITÉ.

Au reſte, Apollon, tout ce que je vous dis là ne ſignifie pas que je vous craigne. Vous ſçavez aujourd'hui de quel Prince il eſt queſtion. Faites tout ce qu'il vous plaira, la Sageſſe & moi nous remplirons ſon ame d'un ſi grand amour pour les vertus, que vos flateurs ſeront réduits à parler de lui, comme j'en parlerai moi-même. Adieu.

APOLLON.

C'en eſt fait, je me rends, Déeſſe, & je me racommode avec vous. Allons, je vous conſacre mes veilles. Vous fournirez les actions au Prince, & je me charge du ſoin de les célébrer.

## SCENE VII.

*MERCURE, APOLLON.*

MERCURE.

SEigneur Appollon, je vous félicite de vos louables dispositions. Ce que c'est que les gens d'esprit ! Tôt ou tard ils deviennent honnêtes gens.

APOLLON.

Voilà ce qui fait qu'on ne doit pas désespérer de vous, Seigneur Mercure.

## SCENE VIII.

*CUPIDON, MERCURE, APOLLON.*

CUPIDON.

GArre, garre, Messieurs ; voici Minerve qui se rend ici avec mon Rival.

MERCURE.

Eh bien ! nous ne serons pas de trop ; je serai bien-aise d'être présent.

APOLLON.

Vous n'auriez pas mal fait de me communiquer ce que vous avez à dire. J'aurois pû vous fournir quelque chose de bon ; mais vous ne consultez personne.

CUPIDON.

Mons de la Poësie, vous me manquez de respect.

APOLLON.

Pourquoi donc ?

CUPIDON.

Vous croyez avoir autant d'esprit que moi, je pense ?

MERCURE, *rit.*

Hé, hé, hé, hé.

APOLLON.

Je sçai pourtant persuader la Raison même.

CUPIDON.

Et moi, je la fais taire. Taisez-vous aussi.

## SCENE IX.

*MINERVE, L'AMOUR, CUPIDON, MERCURE, APOLLON.*

MINERVE.

VOus sçavez, Cupidon, de quel emploi Jupiter ma chargée. Peut-être vous plaindrez-vous du secret que je vous ai fait de notre assemblée : mais je croyois vos feux trop vifs. Quoi qu'il en soit, nous ne voulons point que le Prince ait une ame insensible. L'un de vous deux doit avoir quelque droit sur son cœur, mais sa raison doit primer sur tout ; & vous étes accusé de ne la ménager guéres.

CUPIDON.

Oui-dà, je l'étourdis quelquefois. Il y a des momens difficiles à passer avec moi, mais cela ne dure pas.

APOLLON.

Quand on aime, il faut bien qu'il y paroisse.

MERCURE.

Tenez, dans la théorie, le Dieu de la Tendresse l'emporte ; mais j'aime mieux sa pratique, à lui.

MINERVE.

Messieurs, ne soyez que spectateurs.

MERCURE.

Je ne dis plus mot.

APOLLON.

Pour moi, serviteur au silence. Je sors.

MINERVE.

Vous me faites plaisir.

## SCENE X.

*MINERVE, L'AMOUR, CUPIDON, MERCURE.*

MINERVE.

ALlons, Cupidon, je vous écouterai, malgré les défauts qu'on vous reproche.

CUPIDON.

Mais qu'eſt-ce que c'eſt que mes défauts? Où cela va-t-il? On dit que je ſuis un peu libertin; mais on n'a jamais dit que j'étois un benêt.

L'AMOUR.

Eh! de qui l'a-t-on dit?

CUPIDON.

Avotre place, je ne ferois point cette queſtion-là.

MINERVE.

Il ne s'agit point de cela. Terminons. Je ne ſuis venue ici que pour vous écouter. Voyons.

*A l'Amour.*

Vous êtes l'ancien, vous; parlez le premier.

L'AMOUR *tousse & crache.*

Sage Minerve, vous, devant qui je m'estime heureux de réclamer mes droits..

CUPIDON.

Je défends les coups d'encensoir.

MINERVE.

Retranchez l'encens.

L'AMOUR.

Je croirois manquer de respect, & faire outrage à vos lumiéres, si je vous soupçonnois capable d'hésiter entre lui & moi.

CUPIDON.

La Cour remarquera qu'il la flatte.

MINERVE,

*A Cupidon.*

Laissez-le donc dire.

CUPIDON.

Je ne parle pas. Je ne fais qu'apostiller son exorde.

L'AMOUR.

Ah! c'en eſt trop. Vôtre audace m'irrite, & me fait ſortir de la modération que je voulois garder. Qui êtes-vous pour oſer me diſputer quelque choſe? Vous, qui n'avez pour attribut que le vice, digne héritage d'une origine auſſi impure que la vôtre? Divinité ſcandaleuſe, dont le culte eſt un crime, à qui la ſeule corruption des hommes a dreſſé des Autels? Vous, à qui les devoirs les plus ſacrés ſervent de victimes? Vous, qu'on ne peut honorer, qu'en immolant la Vertu? Funeſte auteur des plus honteuſes flétriſſures des hommes, qui, pour récompenſe à ceux qui vous ſuivent, ne leur laiſſez que le deshonneur, le repentir, & la miſere en partage: oſez-vous vous comparer à moi, au Dieu de la plus noble, de la plus eſtimable, de la plus tendre des Paſſions, & j'oſe dire de la plus féconde en Héros?

CUPIDON.

Bon, des Héros! Nous voilà bien riches! Eſt-ce que vous croyez que la Terre ne ſe paſſera pas bien de ces Meſſieurs-là? Allez, ils ſont plus curieux à voir que néceſſaires: leur gloire a trop d'attirail.

Si l'on rabattoit tous les frais qu'il en coûte pour les avoir, on verroit qu'on les achete plus qu'ils ne valent. On est bien dupe de les admirer, puisqu'on en paye la façon. Il faut que les hommes vivent un peu plus bourgeoisement les uns avec les autres, pour être en repos. Vos Héros sortent du niveau, & ne font que du tintamarre. Poursuivez.

MINERVE.

Laissons-là les Héros. Il est beau de l'être ; mais la Raison n'admire que les Sages.

CUPIDON.

Oh ! de ceux-là, il n'en a jamais fait, ni moi non plus.

L'AMOUR.

De grace, écoutez-moi, Déesse. Qu'est-ce que c'étoit autrefois que l'envie de plaire ? je vous en atteste vous-même. Qu'est-ce que c'étoit que l'Amour ? je l'appellois tout-à-l'heure une passion. C'étoit une vertu, Déesse : c'étoit du moins l'origine de toutes les vertus ensemble. La Nature me présentoit des hommes grossiers, je les polissois ; des féroces, je les humanisois ; des fainéans, dont je ressuscitois les talens enfouis dans l'oiſiveté & dans la pareſſe. Avec moi, le méchant rougiſſoit de l'être. L'eſpoir de plaire, l'impoſſibilité d'y arriver autrement que par la Vertu, forçoient ſon ame à devenir eſtimable. De mon tems, la Pudeur étoit la plus eſtimable des Graces.

CUPIDON.

Eh bien ! il ne faut pas faire tant de bruit ; c'eſt encore de même. Je n'en connois point de ſi piquante, moi, que la Pudeur. Je l'adore, & mes Sujets auſſi. Ils la trouvent ſi charmante, qu'ils la pourſuivent partout où ils la trouvent. Mais je m'appelle l'Amour ; mon métier n'eſt pas d'avoir ſoin d'elle. Il y a le Reſpect, la Sageſſe, l'Honneur, qui ſont commis à ſa garde. Voilà ſes Officiers ; c'eſt à eux à la défendre du danger qu'elle court ; & ce danger, c'eſt moi. Je ſuis fait pour être, ou ſon vainqueur, ou ſon vaincu. Nous ne ſçaurions vivre autrement enſemble ; & ſauve qui peut. Quand je la bats, elle me le pardonne ; quand elle me bat, je ne l'en eſtime pas moins, & elle ne m'en hait pas d'avantage. Chaque choſe a ſon contraire ; je ſuis le ſien. C'eſt ſur la bataille des Contraires que tout roule dans la Nature. Vous ne sçavez pas cela, vous ; vous n'êtes point Philosophe.

L'AMOUR.

Jugez-nous, Déesse, sur ce qu'il vient d'avouer lui-même. N'est-il pas condamnable ? Quelle différence des Amans de mon tems aux siens ! Que de décence dans les sentimens des miens ! Que de dignité dans les transports mêmes !

CUPIDON.

De la dignité dans l'Amour ! de la décence pour la durée du Monde ! Voilà des agrémens d'une grande ressource ! Il ne sçait plus ce qu'il dit. Minerve, toute la Nature est intéressée à ce que vous renvoyiez ce vieux Garçon-là. Il va l'appauvrir à un point, qu'il n'y aura plus que des déserts. Vivra-t-elle de soupirs ? Il n'a que cela vaillant. Autant en emporte le vent : & rien ne reste que des Romans de douze Tomes. Encore à la fin, n'y aura-t-il personne pour les lire. Prenez garde à ce que vous allez faire.

L'AMOUR.

Juste Ciel ! faut-il ?.....

CUPIDON.

Bon, des apoſtrophes au Ciel ! Voilà encore de ſon jargon. Eh ! morbleu, qu'il s'en aille. Tenez, mon ami, je veux bien encore vous parler raiſon. Vous me reprochez ma naiſſance, parce qu'elle n'eſt pas méthodique, & qu'il y manque une petite formalité, n'eſt-ce pas ? Eh bien, mon enfant, c'eſt en quoi elle eſt excellente, admirable ; & vous n'y entendez rien.

MERCURE.

Ceci eſt nouveau.

CUPIDON.

Doucement. La Nature avoit beſoin d'un Amour, n'eſt-il pas vrai ? Comment falloit-il qu'il fût, à votre avis ? Un conteur de fades ſornettes ? Un trembleur qui a toujours peur d'offenſer, qui n'eût fait dire aux femmes, que, ma gloire ! & aux hommes, que, vos divins appas ! Non, cela ne valoit rien. C'étoit un eſpiégle tel que moi qu'il falloit à la Nature ; un étourdi, ſans ſouci, plus vif que délicat ; qui mît toute ſa nobleſſe à tout prendre, & à ne rien laiſſer. Et cet enfant-là, je vous prie, y avoit-il rien de plus ſage que de lui donner pour pere & pour mere des parens joyeux, qui le fiſſent naître ſans cérémonie dans le ſein de la Joye. Il ne falloit que le ſens commun pour ſentir cela. Mais, dites-vous, vous êtes le Dieu du Vice? Cela n'eſt pas vrai; je donne de l'amour, voilà tout: le reſte vient du cœur des hommes. Les uns y perdent, les autres y gagnent; je ne m'en embaraſſe pas. J'allume le feu; c'eſt à la Raiſon à le conduire: & je m'en tiens à mon métier de Diſtributeur de flammes au profit de l'Univers. En voilà aſſez; croyez-moi: retirez-vous. C'eſt l'avis de Minerve.

### MINERVE.

Je ſuſpends encore mon jugement entre vous deux. Voici la Vertu qui entre; je ne prononcerai que lorſqu'elle m'aura donné ſon avis.

# SCENE XI.

## *LA VERTU.*

*Les Acteurs précédens.*

MINERVE.

VEnez, Déesse; nous avons besoin de vous ici. Vous sçavez les motifs de notre assemblée. Il s'agit à présent de sçavoir lequel de ces deux Amours nous devons retenir pour nos desseins. Je viens d'entendre leurs raisons ; mais je ne déciderai la chose, qu'après que vous l'aurez examinée vous-même. Que chacun d'eux vous fasse sa déclaration. Vous me direz après, laquelle vous aura paru du caractere le plus estimable ; & je jugerai par-là lequel de leurs Dons peut entraîner le moins d'inconvéniens dans l'ame du Prince. Adieu, je vous laisse & vous me ferez votre rapport.

## SCENE XII.

*L'AMOUR, CUPIDON, MERCURE, LA VERTU.*

MERCURE.

L'Expédient est très-bon.

CUPIDON.

Dites-moi, Déesse, ne vaudroit-il pas mieux que nous vous tirassions chacun un petit coup de dard ? Vous jugeriez mieux de ce que nous valons par nos coups.

LA VERTU.

Cela seroit inutile. Je suis invulnérable ; & d'ailleurs, je veux vous écouter de sang froid, sans le secours d'aucune impression étrangére.

MERCURE.

C'est bien dit ; point de prévention.

L'AMOUR.

Il est bien humiliant pour moi de me voir tant de fois réduit à lutter contre lui.

CUPIDON.

Mon ancien recule ici ? Ses flammes héroïques ont peur de mon feu bourgeois. C'est le brodequin qui épouvante le cothurne.

L'AMOUR.

Je pourrois avoir peur, si nous avions pour Juge une ame commune; mais avec la Vertu je n'ai rien à craindre.

CUPIDON.

Il fait toujours des exordes. Il a pillé celui-ci dans Cléopatre.

LA VERTU.

Qu'importe ? Allons, je vous entends.

MERCURE.

Le pas est réglé entre vous. C'est à l'Amour à commencer.

CUPIDON.

Sans doute. Il est la Tragédie, lui. Moi, je ne suis que la petite Piéce. Qu'il vous glace d'abord, je vous rechaufferai après.

[ *Mercure & la Vérité sourient.* ]

L'AMOUR.

Quoi ! met-il déjà les Rieurs de son côté ?

LA VERTU.

Laissez-le dire. Commencez, je vous écoute.

MERCURE.

Motus.

L'AMOUR *s'écarte, & fait la révérence en abordant la Vertu.*

Permettez-moi, Madame, de vous demander un moment d'entretien. Jusques-ici mon respect a réduit mes sentimens à se taire.

CUPIDON, *bâille.*

Ha, ha, ha.

L'AMOUR.

Ne m'interrompez donc pas.

CUPIDON.

Je vous demande pardon; mais je suis l'Amour: le Respect m'a toujours fait bâiller. N'y prenez pas garde.

MERCURE.

Ce début me paroît froid.

LA VERTU, *à l'Amour.*

Recommencez.

L'AMOUR.

Je vous disois, Madame, que mon Respect a réduit mes sentimens à se taire. Ils n'ont osé se produire que dans mes timides regards; mais il n'est plus tems de feindre, ni de vous dérober votre victime. Je sçais tout ce que je risque à vous déclarer ma flamme. Vos rigueurs vont punir mon audace. Vous allez accabler un téméraire; mais, Madame, au milieu du courroux qui va vous saisir, souvenez-vous du moins que ma témérité n'a jamais passé jusqu'à l'espérance; & que ma respectueuse ardeur ....

CUPIDON.

Encore du Respect! Voilà mes vapeurs qui me reprennent.

MERCURE.

Et les voilà qui me gagnent aussi, moi.

L'AMOUR.

Déesse, rendez-moi justice. Vous sentez bien qu'on m'arrête au milieu d'une période assez touchante, & qui avoit quelque dignité.

LA VERTU.

Voilà qui est bien; votre langage est

décent. Il n'étourdit point la Raison. On a le tems de se reconnoître, & j'en rendrai bon compte.

MERCURE.

Cela fait une belle Piéce d'éloquence. On diroit d'une harangue.

CUPIDON.

Oui-dà; cette flamme, avec les rigueurs de Madame, la témérité qu'on accable à cause de cette audace qui met en courroux, en dépit de l'espérance qu'on n'a point, avec cette victime qui vient brocher sur le tout. Cela est très-beau, très-touchant, assurément.

L'AMOUR, *à Cupidon.*

Ce n'est pas votre sentiment qu'on demande. Voulez-vous que je continue, Déesse?

LA VERTU.

Ce n'est pas la peine : en voilà assez. Je vois bien ce que vous sçavez faire. A vous, Cupidon.

MERCURE.

Voyons.

CUPIDON.

Non, Déeſſe adorable, ne m'expoſez point à vous dire que je vous aime. Vous regardez ceci comme une feinte ; mais vous êtes trop aimable, & mon cœur pourroit bien s'y méprendre. Je vous dis la vérité ; ce n'eſt pas d'aujourd'hui que vous me touchez. Je me connois en charmes. Ni ſur la Terre, ni dans les Cieux, je ne vois rien qui ne le cede aux vôtres. Combien de fois n'ai-je pas été tenté de me jetter à vos genoux ? Quelles délices pour moi d'aimer la Vertu, ſi je pouvois être aimé d'elle ! Eh ! pourquoi ne m'aimeriez-vous pas ? Que veut dire ce penchant qui me porte à vous, s'il n'annonce pas que vous y ſerez ſenſible ? Je ſens que tout mon cœur vous eſt dû. N'avez-vous pas quelque répugnance à me refuſer le vôtre ? Aimable Vertu, me fuirez-vous toujours ? Regardez-moi ! Vous ne me connoiſſez pas ! C'eſt l'Amour à vos genoux qui vous parle. Eſſayez de le voir. Il eſt ſoumis : il ne veut que vous fléchir. Je vous aime, je vous le dis ; vous m'entendez ; mais vos yeux ne me raſſurent pas. Un regard acheveroit mon bonheur ! Ah ! quel plaiſir ! vous me l'accordez. Chere main que j'idolâtre, recevez mes transports. Voici le plus heureux instant qui me soit échu en partage.

LA VERTU, *soupirant.*

Ah! finissez, Cupidon, je vous défends de parler davantage.

L'AMOUR.

Quoi! la Vertu se laisse baiser la main?

LA VERTU.

Il va si vîte, que je ne la lui ai pas vû prendre.

MERCURE.

Ce fripon-là m'a attendri aussi.

CUPIDON.

Déesse, pour m'expliquer comme lui, vous plaît-il d'écouter encore deux ou trois petites périodes de conséquence?

LA VERTU.

Quoi, voulez-vous continuer? Adieu.

CUPIDON.

Mais vous vous en allez, & ne décidez rien?

LA VERTU.

Je me sauve, & vais faire mon rapport à Minerve.

L'AMOUR.

Adieu, Mercure, je vous quitte, & je vais la suivre.

CUPIDON, *riant.*

Allez, allez lui servir d'antidote.

## SCENE XIII.

*MERCURE, CUPIDON.*

CUPIDON, *riant.*

HA, ha, ha, ha. La Vertu se laissoit apprivoiser. Je la tenois déjà par la main, toute Vertu qu'elle est : & si elle me donnoit encore un quart d'heure d'audience, je vous la garantirois mal nommée.

MERCURE.

Oui ; mais la Vertu est sage, & vous fuit.

CUPIDON.

La belle ressource !

MERCURE.

Il n'y en a point d'autre avec un fripon comme vous.

CUPIDON.

Qu'eſt-ce donc, Seigneur Mercure? Vous me donnez des épithétes! vous vous familiariſez, petit commenſal!

MERCURE.

Quoi! vous vous fâchez?

CUPIDON.

Oh! que non. Nous ne pouvons nous paſſer l'un de l'autre. Mais qu'en dites-vous? Le Dieu de la Tendreſſe n'a pas beaucoup brillé, ce me ſemble?

MERCURE.

Vous êtes un étourdi. Vous ne l'avez que trop battu; & je crains que vous n'ayez paru trop fort. Comment donc! vous égratignez en jouant juſqu'à la Vertu même! Oh! on ne vous choiſira pas pour la cérémonie préſente. Vous êtes trop remuant. Vous mettriez la Ville & la Cour ſur un joli ton. J'entends quelqu'un. Je ſuis ſûr que c'eſt Minerve qui va venir vous donner votre congé. C'eſt elle-même.

## SCENE. XIV, *ET DERNIERE.*

*Tous les Acteurs de la Piéce.*

MINERVE.

CUPIDON, la Vertu décidoit contre vous ; & moi-même j'allois être de son sentiment, si Jupiter n'avoit pas jugé à propos de vous réunir, en vous corrigeant, pour former le cœur du Prince. Avec votre Confrere, l'ame est trop tendre, il est vrai ; mais avec vous, elle est trop libertine. Il fait souvent des cœurs ridicules ; vous n'en faites que de méprisables. Il égare l'esprit ; mais vous ruinez les mœurs. Il n'a que des défauts, vous n'avez que des vices. Unissez-vous tous deux. Rendez-le plus vif, & plus passionné ; & qu'il vous rende plus tendre & plus raisonnable : & vous serez sans reproche. Au reste, ce n'est pas un conseil que je vous donne ; c'est un ordre de Jupiter que je vous annonce.

CUPIDON, *embrassant l'Amour.*

Allons, mon Camarade, je le veux bien. Embrassons-nous. Je vous apprendrai à n'être plus si sot ; & vous m'apprendrez à être plus sage. FIN.

LES SERMENS

www.ingramcontent.com/pod-product-compliance
Lightning Source LLC
LaVergne TN
LVHW010005230826
846092LV00002B/663

* 9 7 8 2 3 2 9 6 6 1 3 8 4 *